भाव भक्ति

सुभा प्रसाद

Copyright © Subha Prasad
All Rights Reserved.

This book has been published with all efforts taken to make the material error-free after the consent of the author. However, the author and the publisher do not assume and hereby disclaim any liability to any party for any loss, damage, or disruption caused by errors or omissions, whether such errors or omissions result from negligence, accident, or any other cause.

While every effort has been made to avoid any mistake or omission, this publication is being sold on the condition and understanding that neither the author nor the publishers or printers would be liable in any manner to any person by reason of any mistake or omission in this publication or for any action taken or omitted to be taken or advice rendered or accepted on the basis of this work. For any defect in printing or binding the publishers will be liable only to replace the defective copy by another copy of this work then available.

परम श्रद्धेय सद्गुरुदेव भगवान स्वामी मंगलानंद सरस्वती जी महाराज के चरणों में सादर समर्पित

भाव भक्ति

क्रम-सूची

प्रस्तावना	vii
भूमिका	ix
पावती (स्वीकृति)	xi
1. गुरु वंदना	1
2. हे गुरुदेव	2
3. गुरु भक्ति	3
4. गुरुदेव कृपा	4
5. गुरुदेव-दया	5
6. विनती	6
7. गणपति वंदना	8
8. शिव नाम जाप	9
9. राम नाम जाप	10
10. जय जगन्नाथ	11
11. श्री राम लला	12
12. सीताराम विवाह	13
13. भगवती गीत	14
14. मईया के श्रृंगार	15
15. जय बजरंग बली	17
16. श्री कृष्ण जनम सोहर	18
17. नटखट कान्हा	19
18. सुमन श्रृंगार	21
19. सरस झूला	22
20. मधुर संदेश	24
21. श्री राधा रानी	25

• v •

क्रम-सूची

22. प्रयास	26
23. पूजा	27
24. सहज भक्ति	28
25. भगवन लगन	29
26. नाथ	30
27. गंगा मईया	31
28. गोपी प्रेम	32
29. श्री वृंदावन लीला	33
30. यथार्थ बोध	34
31. परस्पर प्रेम	36
32. गौरीशंकर भोलेनाथ	37
33. बरसाना	38
34. प्रभु से संवाद	39
35. प्रार्थना	40

प्रस्तावना

परम पूज्य गुरुदेव स्वामी जी के महती कृपा प्रसाद से मुझे अपने भक्ति भाव को अभिव्यक्त करने की प्रेरणा मिली है । अपने जीवन को एक नयी दिशा में सुखद मोड़ देने के लिए मैं हृदय से उनकी आभारी हूं ।

इस पुस्तिका में मेरे द्वारा रचित समस्त भजन हमें भगवान से जुड़ने का एक सूत्र प्रदान करती हैं। लगभग तीस साल के आध्यात्मिक लगाव के कारण समय समय पर लिखे हुए भजनों का यह संकलन है।

भूमिका

भक्ति, साधन और साध्य है।
साधक, साधन में ही जब आनंद लेने लगता है, उसके फलों की ओर से वह उदासीन हो जाता है।
यही साधन का साध्य बन जाता है। किन्तु प्रत्येक साधन का अपना पृथक् पृथक् फल भी है।
भक्ति भी साधक को पवित्रता, एकत्वभावना तथा भगवत प्राप्ति जैसे मधुर फल देती है।

पावती (स्वीकृति)

मुझे अपने समय-समय पर लिखे हुए सभी भजन को एकत्रित करके इसे एक पुस्तक का रूप प्रदान करने में मेरे परिवार के सभी सदस्यों का बहुत ही सकारात्मक सहयोग मिला है ।

सभी के द्वारा उत्साह बढ़ाते रहने के कारण ही आज यह संभव हो पाया है ।

हर परिस्थिति से मिले कुछ संदेश ने मेरी भावनाओं की अभिव्यक्ति में योगदान दिया है ।

भगवान से लगाव और गुरुदेव महाराज के कृपा प्रसाद से धीरे धीरे मेरा लेखन कार्य बढ़ता रहा ।

मुझे अपने सभी भजन को लिखकर बहुत खुशी होती है । ऐसा लगता है कि भगवान से कुछ और नजदीक होते जा रहे हैं ।

मेरे पूरे परिवार को बहुत बहुत हार्दिक शुभकामनाएं और ढेरों आशीर्वाद है ।

1. गुरु वंदना

पधारो गुरुदेवा हमारे हिय अंगना !
व्यासपीठ पर आप विराजो !
उबारो ले लो शरणा !
हमारे गुरुदेवा.....
पधारो हिय अंगना हमारे गुरुदेवा .....
ना जानूं भक्ति मैं ना जानूं पूजा !
ना जानूं साधन उपाय कोई दूजा !!
काटो भव बंधना हमारे गुरुदेवा .....
पधारो हिय अंगना हमारे गुरुदेवा .....

2. हे गुरुदेव

हे स्वामी जी हे गुरुदेव !
हे संन्यासी जी हे गुरुदेव !!
हे देव देव हे महादेव !
देवाधिदेव हे गुरुदेव !!
हे ब्रह्मा विष्णु हे महेश !
हे राधे कृष्णा हे गुरुदेव !!
हे सर्वेश्वर हे सर्वरूप !
हे अंतर्यामी हे गुरुदेव !!
कर कमल रहे मेरे मस्तक पर !
पद कमल धूल मेरे शीश रहे !!
दो युगल चरण मेरे हों संबल !
गुरु भक्ति हृदय में हो अविरल !!
गुरु चरण शरण मिल जाते ही !
हो जाये जन्म सफल अपना !!
हे स्वामी जी हे गुरुदेव !
हे संन्यासी जी हे गुरुदेव !!

3. गुरु भक्ति

गुरु चरणन ध्यान लगाना !
क्या तूने सहज में जाना !!
असत् से हट सत पाना !
तुम छोड़ प्रकाश पा जाना !
लख चौरासी फेर छुड़ाना !!
क्या तूने सहज में जाना .....
गुरुवर नागा बाबा थें !
स्वामी जी के गुरु थें !
शिष्य को स्वामी बनाना !
गुरु महिमा प्रकट मैं जाना !!
गुरु चरणन ध्यान लगाना
क्या तूने सहज में जाना .....
गुरु भक्ति एक बल पा कर !
गुरु सेवा भाव जगा कर !
भक्त का भगवान को पाना !
भक्ति भाव प्रभाव मैं जाना !!
गुरु चरणन ध्यान लगाना
क्या तूने सहज में जाना .....
माया से मुक्ति पा कर !
प्रभु प्रेम सख्य को पा कर !
धन्य धन्य हुए स्वामी जी !
प्रभु को सखा बनाकर !
इतनी प्रभु कृपा पाना !
मेरे स्वामी जी ने जाना !!

4. गुरुदेव कृपा

ऐसो है ये भवजाला !
उलझता ही जाये !!
गुरुवर मेरे परम कृपालु !
गुरुवर मेरे परम दयालु !
दूर किये सब बाधा !
मिटे दुःखड़े सारे !!
ऐसो है ये भवजाला !
सुलझता ही जाये !!
गुरुदेव कृपा बरसाये !
गुरुदेव करूणा बरसाये !
मिटे उलझन सारे !!

5. गुरुदेव-दया

आयी थी मैं रोते रोते !
जाती हूं हंसते हंसते !!
खो गयी मेरी पाप गठरिया !
गुरुवर आधे रस्ते में !!
दया कृपा की वरद हस्त !
मेरे सकल पाप को धो डाले !!
भक्ति भाव से भरा हृदय अब !
सद्गुण तेरे हैं गाते !!
आयी थी मैं रोते रोते !
जाती हूं हंसते हंसते !!

6. विनती

कृपा कीजिए हम पे गुरुवर दया कीजिए !
क्षमा हमको गुरुवर सदा सर्वदा कीजिए !!
गुरुवर आशीर्वचन गुरुवर चरण शरण दीजिए !
गुरुवर की कृपा अपरम्पार सदा सर्वदा दीजिए !!
नंदनंदन नैनन में रहें राधारमण हृदय में रहें !
राधारानी चरनन में शरण सदा सर्वदा दीजिए !!
वृन्दावन वास दीजिए मधुवन हुलास दीजिए !
ब्रजरज ही हमें सदा सर्वदा दीजिए !!
गोपी भाव से भरा भक्ति भाव दीजिए !
गोपी प्रेम ही हमें सदा सर्वदा दीजिए !!
संतन भगतन संगति भगवन हमें दीजिए !
सत्संग ही सदा सर्वदा दीजिए !!
भजन मैं करूं स्मरण मैं करूं !
कीर्तन भी सदा सर्वदा मैं करूं !!
वंदन मैं करूं नमन मैं करूं !
श्रवण प्रभु चरित का सदा सर्वदा मैं करूं !!
छल कपट छोड़ कर भक्ति पथ पर चलूं !
प्रेम निष्काम सबसे सदा सर्वदा मैं करूं !!
पूजन अर्चन प्रभु का नित्य प्रेम से मैं करूं !
सेवा सभी समर्पित भाव से सदा सर्वदा मैं करूं !!
बहिर्मुख परनिंदा परदोषदर्शन कभी मैं ना करूं !
अंतर्मुखी मन प्रसन्नचित्त सदा सर्वदा मैं रहूं !!
कृतज्ञता से भरा मन हमेशा ही मेरा रहे !
आत्मा में बसेरा प्रभु का मेरे सदा सर्वदा ही रहे !!

सुभा प्रसाद

श्रद्धा विश्वास सदा ही बढ़ता ही रहे !
मन में संतोष संयम सदा सर्वदा ही रहे !!
हर पल क्षण कभी ना प्रभु को मैं भूलूं !
मन वचन कर्म से याद हरि को सदा सर्वदा मैं ऽकरूं !!
प्रभु भवसागर से पार कर मेरा उद्धार कीजिए !
दरशन कृपा कर भगवन हमें सदा सर्वदा दीजिए !!
यही विनती है मेरी गुरुवर आप सुन लीजिए !
सुभा को अहर्निश याद आप सदा सर्वदा रहिए !!

7. गणपति वंदना

मैं जय जय जय जयकारा
लगाऊं गणपति देवा !
पधारो मेरे आंगना, गौरी के ललना !!
हो शंकर के सुवना
रिद्धि-सिद्धि के स्वामी
बुद्धि विद्या के दानी
पधारो मेरे आंगना, गौरी के ललना !!
भोग लड्डुअन के भावे
दुःख संकट मिटावें
पधारो मेरे आंगना, गौरी के ललना !!
हो शंकर के सुवना !!
मैं जय जय जय जयकारा
लगाऊं गणपति देवा !

8. शिव नाम जाप

शिव शिव शंकर शंभु त्रिपुरारि भोला !
हर हर महादेव जटाधारी भोला !!
शिव शिव उमापति महेश गंगाधारी भोला !
हर हर गौरीपति डमरूधारी भोला !!
शिव शिव त्रिलोचन कामारि त्रिशूलधारी भोला !
हर हर महाकाल मृगछालधारी भोला !!
शिव शिव कैलाशपति वैद्यनाथ नंदीसवारी भोला !
हर हर महामृत्युंजय नागहारधारी भोला !!
शिव शिव विश्वनाथ सोमनाथ भभूतिधारी भोला !
हर हर नीलकंठ मुण्डमालधारी भोला !!

9. राम नाम जाप

श्री राम राम राम !
राजा राम राम राम !!
जय जय राम राम राम !!!
रघुनंदन राघव सियापति !
श्री राम जय राम जय जय राम !!
श्री राम राम राम !
राजा राम राम राम !!
जय जय राम राम राम !!!
कौशल्या नंदन राघव सीतापति !
श्री राम जय राम जय जय राम !!
श्री राम राम राम !
राजा राम राम राम !!
जय जय राम राम राम !!!
दशरथ नंदन राघव अवधपति !
श्री राम जय राम जय जय राम !!
श्री राम राम राम !
राजा राम राम राम !!
जय जय राम राम राम !!!

10. जय जगन्नाथ

जय जगन्नाथ जय जय जगन्नाथ !
जय बलभद्र जय जय देवी सुभद्रा !!
जय जगन्नाथ जय जय जगन्नाथ पुरी धाम !
जय जगन्नाथ जी जय जय रथयात्रा !!
आगे आगे बलभद्र बीच में सुभद्रा !
पीछे पीछे जगन्नाथ मनोरथ यात्रा !!
नीलांचल महोदधि महाप्रभु की जय जय !
गुंडिचा मंदिर की जय हो जय जय !!
बड़े भईया बलभद्र प्यारी बहना सुभद्रा !
संग संग निकलें जगन्नाथ जी छोटे भईया !!
मौसी के घर पहुंचे झुमे नाचे तीनों भाई बहना !
रथ से उतरकर चले लगे नाचने तीनों भाई बहना !!
भक्त जन से मिलते लिपटते आज जगन्नाथ जी !
नयनों से नयनों में आज समायें हैं जगन्नाथ जी !!
कोई खींचें रथ कोई अपलक निहारता !
कोई रथयात्रा में हृदय भर भर प्यारे प्रभु को निहारता !!

11. श्री राम लला

अहो रामा अवधपुरी में देखो
खेलें चारों भईया !
दशरथ आंगन ठुमके किलके !
पांव में पेन्ह पैंजनिया !!
राजा दशरथ मोद मनावें !
लेवें बलैया मैया !!
सांवली सुरत परम मनोहर !
राम लला बड़भईया !!
अहो रामा अवधपुरी में देखो
खेलें चारों भईया !!!!

12. सीताराम विवाह

दुल्हा श्री राम दुल्हिन प्यारी सीता ।
देखु देखु सखी जोड़ी बड़ी नीका ।।
सांवर सलोना वर जोग श्री सीता ।
जाग गयो भाग सखी आजु सबहीं का ।।
दशरथ दुलरुआ सखी मन हर लीना ।
सिया सुकुमारी मन बरबस छीना ।।
बगिया के बीच मिले राम अरु सीता ।
प्रीति पुरातन सखी दोऊ जन चीन्हा ।।
जनक दुलारी बनी रघुबर प्राण प्यारी ।
कौशल्या किशोर राम सिया प्राण प्यारे ।।
जुग जुग जिये जोड़ी आशीष सब देबहिं ।
निरखि निरखि जोड़ी नैना जुड़ाबहि ।।
मिथिला अयोध्या के भाग्य सराहहिं ।
दशरथ जनक जी के नेह बखानहिं ।।
दुल्हा श्री राम दुल्हिन प्यारी सीता ।
देखु देखु सखी जोड़ी बड़ी नीका ।।

13. भगवती गीत

मईया मो से चलो नहीं जाये
डगर तेरे मंदिर के !
मईया ऊंची चढ़ाई तेरे
मैं आऊं कैसे मां अम्बे !!
हो मोहे लागि है लगन तेरे
दरश तू दिखा दे अम्बे .....
तेरे भवन की एक झलक से !
सब दुःख हैं मिटते !!
दरश तू दिखा दे अम्बे .....
तेरे दरश की एक झलक में !
सब सुख हैं अम्बे !!
दरश तू दिखा दे अम्बे .....
तेरे नयन से अम्बे माता !
प्रेम सुधा बरसे !!
दरश तू दिखा दे अम्बे .....
हो मोहे लागि है लगन तेरे
दरश तू दिखा दे अम्बे .....

14. मईया के श्रृंगार

हे कुसुम रंग चुनरी, चढ़ईबो मईया !
हे कुसुम रंग चुनरी .....
सेन्दुरा लगईबो
बिन्दिया लगईबो !
अपने हाथे चुड़िया पेन्हईबो मईया !!
हे कुसुम रंग चुनरी .....
टीकवा चढ़ईबो
नथिया चढ़ईबो !
अपने हाथे हरवा पेन्हईबो मईया !!
हे कुसुम रंग चुनरी .....
झुमका चढ़ईबो
मुंदरी चढ़ईबो !
अपने हाथे कंगना पेन्हईबो मईया !!
हे कुसुम रंग चुनरी .....
पैंजनिया चढ़ईबो
बिछिया चढ़ईबो !
अपने हाथे अलता लगईबो मईया !!
हे कुसुम रंग चुनरी .....
कजरा लगईबो
मेंहदी लगईबो !
अपने हाथे खोंईचा हम भरबो मईया !!
हे कुसुम रंग चुनरी .....
पान चढ़ईबो
अड़हुल फूल चढ़ईबो !

अपने हाथे नारियल चढ़ईबो मईया !!
हे कुसुम रंग चुनरी .....
धुप देखईबो
दीप देखईबो !
अपने हाथे भोगवा लगईबो मईया !!
हे कुसुम रंग चुनरी .....
आरती ऊतरबो
अंचरा पसरबो !
तोहरा के नित हीं मनईबो मईया !!
हे कुसुम रंग चुनरी .....
गोड़वा हम लगबो
तोहरा गोहरईबो !
हियरा आपन जुड़ईबो मईया !!
हे कुसुम रंग चुनरी .....
अन्न धन पुत्र दीहऽ
भाग सुहाग दीहऽ !
सकल मनोरथ सबकर पुरईहऽ मईया !!
हे कुसुम रंग चुनरी
चढ़ईबो मईया .....

15. जय बजरंग बली

बजरंगी मैं तो जाऊं तुझ पे वारी वारी !
तेरी भक्ति पे बलिहारी
तेरी शक्ति पे बलिहारी !!
तेरे कर कमलों में सोहे
गदा है प्यारी प्यारी !
तेरे कर कमलों में सोहे
परबत है भारी भारी !!
तेरी लाल लंगोटी प्यारी
अंग सिन्दुर की है लाली !
तेरे पैजनिया की रुनझुन
लगे है प्यारी प्यारी !!
तेरे हृदय विराजे राघव
श्यामसुंदर की छवि प्यारी !
तेरे चरणों पे बलिहारी
नतमस्तक नर नारी !!
बजरंगी मैं तो जाऊं तुझ पे वारी वारी !

16. श्री कृष्ण जनम सोहर

जसोदा के गोदे खेलें कान्हा त पलनवा झूले कन्हैया त हो !
ए मईया तोहरो रे कन्हैया
बड़ा सुंदर श्रीकृष्ण बड़ा सुंदर हो !!
माथे मोर मुकुट हाथे शोभे रे मुरलिया
पांव बाजे रे पैजनिया त हो !
ए मईया तोहरो रे कन्हैया
खाएं माखन त पहिरें पिताम्बर हो !!
राधा प्यारी के संग रास रचावें मोहन वृन्दावन में त हो !
ए मईया तोहरो रे कन्हैया
नंदनंदन श्रीकृष्ण मनमोहन हो !!
जसोदा के गोदे खेलें कान्हा त पलनवा झूले कन्हैया त हो !

17. नटखट कान्हा

मईया री मईया
माखन मैं न खाएं !
पकड़ मोहे लाके
बात ये बनाएं !!
मईया री मईया
तेरो कान्ह सताए !
गगरी मोरी फोड़े
चुनरी ये भिंजाये !!
राह मोरी रोके
माखन सब खाये !
मईया री मईया
तेरो कान्ह सताए .....
राह चलूं तो
राह ये रोकें !
बंसरी छीने औ
नाच नचाये !!
पास तेरे आके
बात ये बनाएं !!
मईया री मईया
माखन मैं न खाएं .....
गोपिन सब चुप
ठगी निहारें !
आंचल ओट से
कान्ह मुस्काएं !!

भाव भक्ति

मईया री मईया
माखन मैं न खाएं .....
मईया री मईया
तेरो कान्ह सताए .....

18. सुमन श्रृंगार

ले आओ सखि कलियां बागों से !
सजाओ प्यारी सखियां कान्हा को !!
बेला गुलाब जुही चम्पा चमेली !
ले आओ सखि डलिया फूलों के !!
सजाओ प्यारी सखियां कान्हा को .....
भीनी-भीनी सुगंध सुहानी !
देख मोहन को रीझें राधा रानी !!
ले आओ सखि कलियां बागों से !
सजाओ प्यारी सखियां कान्हा को !!
मेरा कान्हा सुभग सलोना !
लाओ इसे मैं लगाऊं डिठौना !!
सजाओ प्यारी सखियां कान्हा को !
ले आओ सखि कलियां बागों से .....

19. सरस झूला

करके सोलह श्रृंगार ।
देखो आयी श्यामा प्यारी ॥
मोतियन मांग भराई ।
नकबेसर है प्यारी प्यारी ॥
माथे सिन्दुर बिंदिया मनभाई ।
शीश मुकुट की शोभा प्यारी ॥
नैनन कजरा लगाई ।
हाथन मेंहदी रचाई ॥
गले मणि मुक्ताहार सुहाई ।
कर कंगना शोभे प्यारी ॥
बाजूबंद है जड़ाऊ ।
मुंदरी माणिक पन्ने वारी ॥
करधनी नुपुर पायलिया की ।
रुनझुन लागे प्यारी ॥
पायन लाल महावर चारू ।
सखियां लगाई मनोहारी ॥
प्यारी वेणी गुंथाई ।
जामें चंपा बेली लगाई ॥
साड़ी पचरंगी है प्यारी ।
चुनरी हरी हरी जड़ीदारी ॥
मुखड़ा घुंघट में छुपायी ।
श्रीजी मंद मंद मुसकायीं ॥
सखियां करें मनुहार ।
कान्हा कर जोड़े हैं ठाड़ ॥

अब तो मानो कहा हमारी ।
आओ झुला झूले प्यारी ।।
झूला पड़ो कदंब की डारी ।
मेघा उमड़ घुमड़ घिर आई ।।
बोले कोयलिया नाचे मोर ।
बोले पपीहा दादुर घटा घनघोर ।।
पड़े सरस फुहार ।
झूला झूलें गलबहियां डार ।।
प्यारे की पीतांबरी फहराये ।
प्यारी को नीलांबरी लहराये ।।
सखियां झोंटा दै दै झुलावहीं ।
निरखि निरखि सुख पावहीं ।।
प्रीतम प्यारी हिय हुलसाये ।
प्यारी कछुक सकुचाये ।।
या छवि बरनि न जाये ।
प्रेम पयोधि जनु उमगाये ।।
सुरगण सुमन बरसाये ।
सुर ललना मन ललचाये ।।
या छवि पै बलिहारी ।
शंभु समाधि बिसराई ।।
सुभा बलि बलि जाये ।
या छवि नैनन मांहि समाये ।
करके सोलह श्रृंगार ।
देखो आयी श्यामा प्यारी ।।

20. मधुर संदेश

कान्हा ने भेजा है संदेशा
हो राधे के लिए !
जल्दी से आना श्यामा प्यारी
हो जमुना के तीरे !!
कदंब तले !
आप भी आना
सखियों को लाना !
बंसी बजाऊं मैं वहां पे
धीरे धीरे !!
आप भी आना
सखियों को लाना !
झुला झुलेंगें हम दोनों
हिलमिल के !!
आप भी आना
सखियों को लाना !
रास रचायें हम दोनों
मिलजुल के !!
जल्दी से आना श्यामा प्यारी
कदंब तले !
जमुना के तीरे !!

21. श्री राधा रानी

मोहे रखियो शरण में श्यामा प्यारी !
मैं तो भूलूं ना कबहूं तोहे प्यारी !!
दरश दिखलाती रहना !!
नैनों में समायी रहना !!
हृदय में सदा मेरे रहना !!
मोहे कष्ट पड़ो है अति भारी !
री प्यारी सुकुमारी , हमारी राधा रानी , कृपा बरसाती रहना !!
मैं तो हर पल पुकारूं तोहे प्यारी, दया बरसाती रहना !!!
मोहे तुम बिन और कोऊ शरण नाहिं !!
चरणों में बिठायी रखना , चरणों से लिपटायी रखना !!
तेरे द्वारे पड़ी हूं मैं तो प्यारी , री बरसाने वारी !
सदा ही अपनाये रखना , री प्यारी मेरी सुध लेना !!
अब देर करो ना श्यामा प्यारी , वृषभानु दुलारी , हमारे सब दुःख हरना !!!
मेरी भोरी भारी कीर्ति कुमारी , री लाड़ली करुणामयी प्यारी , कर कमल मेरे शीश धरना !
मोहे निज टहल में रखना , मोहे निज महल में रखना !!

22. प्रयास

कुछ रूक कर , कुछ झुक कर , कुछ संभल कर !
बात करे तो बात बन जाए !!
कुछ अपनापन , कुछ भावना भरकर , मुस्कुराए !
सहजता से तो संबंध सुधर जाए !!
कुछ कहे बिना सुन सके, कुछ बताये बिना समझ सके !
बस इतना ही हो जाए तो भी बहुत पा जाए !!
मानवता है , मनुष्यता है कि सहानुभूति हृदय से हो !
निश्छल प्रेम ,समर्पण ,शांति को भी तो अपनी पूंजी बनाए !!
यह सांसों की अपार संपत्ति , जिसने हमें है दे डाली !
उसे हर सांस में बसा ले, तो जीवन संवर जाए !!
कृपा अपनी बरसायी है , जिस जगदीश्वर ने हम पर !
वही करूणा दया औरों पर भी तो हम दिखलाए !!
दृश्य जगत की आसक्ति , छूटते ही मिल जाती है भक्ति !
प्रभु को प्रेम से हम अपने हृदय में भी तो बसाए !!

23. पूजा

तेरी पूजा के लायक नहीं हम !
बताओ मोहना कैसे पूजा करें हम !!
मथुरा ना गोकुल ना है वृन्दावन !
पलना न झूला न कुंज निकुंजन !!
बताओ मोहना कैसे पूजा करें हम .....
गईया ना बछड़ा ना ग्वाले गोपीयन !
दुध दही की मटकी ना माखन !!
बताओ मोहना कैसे पूजा करें हम .....
राधा न ललिता विशाखा ना सखियन !
जमुना कदंब ना शरद की पूनम !!
बताओ मोहना कैसे पूजा करें हम .....
चरण शरण ना निरमल है मन !
भक्ति तुम्हारी करें कैसे हम !!
बताओ मोहना कैसे पूजा करें हम .....
एक ही आस भरोस हमारी !
अशरण शरण विरुदावली तिहारी !!
बताओ मोहना कैसे पूजा करें हम .....
किरपा करो प्यारी अरू प्यारे !
करूणामयी मोहे लो अपनाये !!
बताओ मोहना कैसे पूजा करें हम .....

24. सहज भक्ति

कान्हा मानें मोरे
तुलसी दल से .....
छप्पन भोग
छत्तीसो व्यंजन !
बिन तुलसी दल
भावे न रे !!
कान्हा मानें मोरे
तुलसी दल से .....
सोलह हजार आठ
रानी पटरानियां !
राधा समान
नाहीं कोऊ रे !!
कान्हा मानें मोरे
तुलसी दल से .....

25. भगवन लगन

ऐसी जोत जगाना मेरे भगवन !
जिसकी लौ ना कभी हो मद्धम !!
लगन तुमसे लगे मगन तुझमें रहें !
ऐसी ज्योत जगाना मेरे भगवन !
जिसकी लौ ना कभी हो मद्धम!!
बात सांची कहूं मान रख लो प्रभु !
ऐसी जोत जगाना मेरे भगवन !
जिसकी लौ ना कभी हो मद्धम !!

26. नाथ

हे अनाथों के नाथ !
हे दीनानाथ !!
हे जगन्नाथ !
हे गोपीनाथ !!
कीजिए सनाथ !
कीजिए सनाथ !!
हे विश्वनाथ !
हे सोमनाथ !!
हे वैद्यनाथ !
हे भोलेनाथ !!
कीजिए सनाथ !
कीजिए सनाथ !!
हे रमानाथ !
हे जानकीनाथ !!
हे राधिकानाथ !
हे त्रिलोकी नाथ !!
कीजिए सनाथ !
कीजिए सनाथ !!

27. गंगा मईया

प्रात दरशन देब हे गंगा मईया !
एहि पार गंगा ओहि पार जमुना
बीचे सरस्वती मईया बहईअ धीरे धीरे !!
प्रात दरशन देब हे गंगा मईया
गोमुख गंगोत्री से हरिद्वार आ के
जमुना सरस्वती से संगम में मिल के !!
प्रात दरशन देब हे गंगा मईया !
काशी में भोले के दरशन कर के
गंगा सागर में सगर पुत्रन के
मोक्ष करईया हे गंगा मईया !
प्रात दरशन देब हे गंगा मईया !!

28. गोपी प्रेम

कौन तपस्या कीनी रे कान्हा ग्वालिनीया तेरी !
जा वश भयो तू वाक्यो !
भूल्यो नाहिं वाहि कभी !!
यज्ञ न दान दीयो !
कछु वा ने जा वश होयतो !!
कौन तपस्या कीनी रे कान्हा ग्वालिनीया तेरी .....
मैं बरू भूलहू जाऊं !
नहीं वा ने भूली मोहीं !!
प्रेम की पाश रख्यो !
मोहीं बांध भयो उनकी !!
कौन तपस्या कीनी रे कान्हा ग्वालिनीया तेरी !!
जा वश भयो तू वाक्यो !
भूल्यो नाहिं वाहि कभी .....
कौन तपस्या कीनी रे कान्हा ग्वालिनीया तेरी !!

29. श्री वृंदावन लीला

बनमा में मोर नाचे बोले कोयलिया
वृन्दावन नगरिया ना !
बाजे मोहनी रे मुरलिया
वृन्दावन नगरिया ना !
रिमझिम रिमझिम बरसे बदरिया
वृन्दावन नगरिया ना !
बाजे मोहनी रे मुरलिया
वृन्दावन नगरिया ना !
बेला गुलाब जूही चंपा चमेलिया
सखियां चुन चुन लायी ना !
सजाएं कुंज गलियां सखियां चुन चुन लायी ना !
बनमा में मोर नाचे बोले कोयलिया
वृन्दावन नगरिया ना !
बाजे मोहनी रे मुरलिया वृन्दावन नगरिया ना !
राधे संग कृष्ण नाचे दे गलबहियां ना !
सखियां संग संग नाचे ना !!
बाजे मोहनी रे मुरलिया वृन्दावन नगरिया ना !

30. यथार्थ बोध

जब देख लिया जग सारा !
तब तुमको मैंने पुकारा !!
मैंने देर बहुत लगाया !
मन इधर उधर भटकाया !!
कहीं से कुछ भी ना पाया !
तब तेरी शरण में आया !!
सब ओर से अब मैं हारा !
मैंने जीवन सकल गंवाया !!
पग पग पर ठोकर खाया !
तब होश ठिकाने आया !!
अब तुम ना मुझे भटकाना !
मेरी बांह पकड़ कर चलाना !!
मुझे सुध बुध ना है अब कोई !
अब करे जो तू सो हीं होई !!
अब कोई ना गड़बड़झाला !
तुम कर दो जग उजियाला !!
गुण बल ना मुझमें कोई !
मैं तो तेरे भरोसे सोयी !!
अब देर करो ना कोई !
जग जंजाल छुड़ाओ मोरी !!
दे भक्ति मुझे अपनाओ !
निज दरस मुझे दिखलाओ !!
मेरी नैया पार लगाओ !
मुझ पर कृपा बरसाओ !!

सब भूल क्षमा कर मेरी !
उद्धार करो अब मैं हूं तेरी !!
मैं जनम जनम से भटकी !
कभी इधर उधर मैं अटकी !!
मिले अब तो मन की शांति !
मेरे तन की हो सदगति !!
ब्रजरज की है मुझे आशा !
प्रभु दे दो मुझे दिलासा !!
अब साथ ही तेरे डोलूं !
पल भर ना तुझे मैं भूलूं !!
कुछ बात भी मुझसे करना !
सदा साथ ही मेरे रहना !!
कुछ भला मेरा हो जाए !
सब अला बला टल जाए !!
फिर भजन करूं मैं डटकर !
सब चिंताओं से हटकर !!
इतनी कृपा बरसाना !
कर कमल शीश पधराना !!

31. परस्पर प्रेम

देख्यो देख्यो री मैंने नंदलाला !
देख्यो देख्यो री मैंने बृजबाला !!
श्याम पैंईया पड़े अरु बईयां धड़े !
राधा रानी मनहीं मन मुसकायें !!
श्याम वेणी गुंथे अरु महावर रचे !
राधा रानी मनहीं मन सकुचायें !!
श्याम मेंहदी रचे अरु माथे बिंदिया साजे !
राधा रानी मनहीं मन शरमायें !!
श्याम चुड़ियां पहिराये अरु चुनरी ओढ़ाये !
राधा रानी मनहीं मन लाजो लजायें !!
श्याम श्यामा मनाये अरु पांव दबाये !
राधा रानी प्रेम मगन भई जायें !!
श्याम घुंघटा खोले अरु मुखड़ा चूमे !
राधा रानी भाग सुहाग जगायें !!
श्याम बंसी बजाये अरु रास रचाये !
राधा रानी मनहीं मन फूली न समायें !!
श्याम झूला झूलाये अरु गलबहियां डाले !
राधा रानी मनहीं मन हरषायें !!
देख्यो देख्यो री मैंने नंदलाला !
देख्यो देख्यो री मैंने बृजबाला !!

32. गौरीशंकर भोलेनाथ

भोले बाबा की बात निराली ।
हमारे भोले महादानी ।।
जैसे भोले बाबा दानी ।
वैसी गौरा रानी ।
मईया जग कल्याणी ।।
काशी में अन्नपूर्णा मईया ।
बाबा विश्वनाथ के झोली भरईया ।।
विश्व भरण हित दान देत है ।
गौरा रानी बड़ दानी बनत है ।।
भोले शंकर अन्न दान लेत है ।
हमारे भोले भण्डारी ।।
हमारे भोले महादानी ।
मईया जग कल्याणी ।।
शिव शंकर करूणा के सागर ।
जगदंबिका सकल गुण आगर ।।
करत कृपा सब भक्तन पर हरदम ।
करत दया जन जन पर तत्क्षण।।
हमारे भोले अवढरदानी ।
मईया जग कल्याणी ।।
भोले बाबा की बात निराली ।
हमारे भोले महादानी ।।

33. बरसाना

गोपाला नंदलाला ।
मुझे जाना है बरसाना ।।
अब तू मुझे पहूंचाना ।
मुझे जाना है बरसाना ।।
राधा रानी मेरी हैं वहां ।
उन तक पहूंचा देना ।।
मुझे जाना है बरसाना .....
मेरा मन रमता है वहां ।
जल्दी मुझे पहूंचाना ।।
मुझे जाना है बरसाना .....
एक झलक दिखा देना ।
चरण शरण दिला देना ।।
मुझे जाना है बरसाना .....
मुझपे इतनी तू कृपा करना ।
श्रीजी की सेवा टहल मुझे दे देना ।।
मुझे जाना है बरसाना .....
गोपाला नंदलाला ।
मुझे जाना है बरसाना ।

34. प्रभु से संवाद

सांवरो प्यारो मेरो तू
लाड़ली प्यारी मेरी तू .....
सखी री सुन प्यारी मेरी तू .....
डूब रही हूं बीच भंवर में !
बांह गहो अब तू !!
लाड़ली प्यारी मेरी तू .....
बांह पकड़ कर तेरा प्यारी !
छोड़ु ना कबहूं !!
सखी री सुन प्यारी मेरी तू .....
जनम जनम से भटक रही हूं !
सुध लो मेरी तू !!
लाड़ली प्यारी मेरी तू .....
मैं तो सदा सदा से तेरी !
तोहे भूलूं ना कबहूं !!
सखी री सुन प्यारी मेरी तू .....
ना काहू से लेना देना !
ना काहू की बनूं !!
लाड़ली प्यारी मेरी तू .....
तेरे संग संग चलते चलते !
कबहूं नाहिं थकूं !!
सखी री सुन प्यारी मेरी तू .....
सांवरो प्यारो मेरो तू !
लाड़ली प्यारी मेरी तू !!

35. प्रार्थना

करबद्ध प्रार्थना है हमारी हे हरि !
दूर दूर्गुण हमारे सब करना हे हरि !!
नाम तेरा जपूं मैं सदा हे हरि !
देर करना नहीं तुम कभी हे हरि !!
भरोसा बहुत है हमें तुम पर हे हरि !
आसरा है तुम्हारा ही मुझे हे हरि !!
हारे का हो सहारा सदा तुम हे हरि !
हर जीत भी देते हो तुम्हीं हे हरि !!
मेरे जीवन की सांझ हो रही हे हरि !
ऐसे में मुझे तुम ना भूलाना हे हरि !!
मेरी नैया किनारे लगाना हे हरि !
भवसागर से पार करना हे हरि !!
कर्म सारे तूझे अर्पण हे हरि !
तेरे चरणों में मेरा पूर्ण समर्पण हे हरि !!
सुख दुःख से ऊपर उठा लो मुझे हे हरि !
निष्काम हृदय कर तुम विराजो वहां हे हरि !!
अब हर ओर तुझे ही मैं देखूं हे हरि !
ऐसी करूणा कृपा कर दो हे हरि !!
हम पर प्रसन्न तुम सदा रहना हे हरि !!
सुभा सम्मुख तेरे नित रहे हे हरि !!

www.ingramcontent.com/pod-product-compliance
Lightning Source LLC
LaVergne TN
LVHW041556070526
838199LV00046B/2000